INTERIORES
mexicanos

detalles en arquitectura

INTERIORES
mexicanos

EDICIÓN

Fernando de Haro • Omar Fuentes

detalles en arquitectura

AUTORES . *AUTHORS*
Fernando de Haro y Omar Fuentes

DISEÑO Y PRODUCCIÓN EDITORIAL
EDITORIAL DESIGN & PRODUCTION

ARQUITECTOS
EDITORES
MEXICANOS

DIRECCIÓN DEL PROYECTO . *PROJECT MANAGER*
Valeria Degregorio Vega
Martha P. Guerrero Martel

COLABORADOR . *CONTRIBUTOR*
Ingrid B. Barajas Barrera

CORRECCIÓN DE ESTILO . *COPY EDITOR*
Abraham Orozco González

TRADUCCIÓN . *TRANSLATION*
Dave Galasso

© 2003, Fernando de Haro y Omar Fuentes

Arquitectos Mexicanos Editores S.A. de C.V.
Paseo de Tamarindos No. 400 B, suite 102,
Col. Bosques de las Lomas, C.P. 05120,
México D.F. Tels. 52(55) 5258 0279,
Fax. 52(55) 5252 0556.
E-mail: armex@armexedt.com.mx
www.arquitectura.com.mx

ISBN 968 5336113

Impreso en Hong Kong,

CONTENIDO
CONTENTS

FERNANDO DE HARO
JESÚS FERNÁNDEZ SOTO
OMAR FUENTES ELIZONDO

FOTÓGRAFO . PHOTOGRAPHER
Michael Calderwood

INTRODUCCIÓN
INTRODUCTION

Cada diseñador desea crear un mundo perfecto dentro del espacio interior, usando proporción, textura, forma y color. Busca que sea cómodo, bello, acogedor e interesante y cada uno refleja en su obra su personalidad, intereses, gustos e imaginación.

Los diseñadores mexicanos estamos influidos por nuestras herencias, por los diferentes elementos que nos ha dejado nuestra historia por lo cual tenemos una enorme riqueza de arte y diseño.

El mexicano siempre ha sido creativo e innovador y es realmente fascinante ver cómo cada diseñador usa su talento y creatividad de diferente manera, dando como resultado una variedad sorprendente de estilos. Algunos estilos están influidos por los diseños clásicos de nuestras herencias europeas, otros evidencian el retorno a la austeridad y simplicidad del pasado prehispánico, mientras otros son expresiones vanguardistas del momento actual, de la tecnología y el diseño moderno.

Actualmente, la mayoría de los interioristas mezcla en diferentes dosis algo de las diversas influencias, haciendo el diseño interior en México muy variado e interesante.

Los libros de la colección **Interiores Mexicanos**, muestran la creatividad y excelencia de algunos de los diseñadores de nuestro país, los que están aportando, innovando, reinterpretando y creando. Es realmente inspirador visitar los diferentes espacios interiores de México a través de esta serie de libros, pues podemos trasladarnos de la ciudad al campo, o a la playa; de un edificio moderno a una casona antigua, o a una cabaña rústica, sólo con pasar por las hojas de estos libros y entrar a estos espacios originales, y agradables.

Alejandra Prieto de Palacios
Cecilia Prieto de Mtz. Gallardo

Interior designers want to create a perfect world in the space they are given, using proportion, texture, form and color to achieve their vision. They seek an environment that is comfortable, beautiful, warm, and interesting, and leave the imprint of their personality, interests, tastes and imagination in their work.

We Mexican designers are influenced by a rich cultural heritage and the different elements our history has left us, giving us a wealth of art and design to draw upon.

Mexicans have always been ingenious and innovative, and it is truly fascinating to see how designers use their talent and creativity to produce such an amazing array of styles. While some interiors are influenced by the classic designs of our European legacy, others show signs of a return to the austere simplicity of our pre-Columbian past, and others still are vanguard expressions of the moment, of technology and modern design.

The majority of today's interior designers mix these different influences to varying degrees, making interior design in Mexico both diverse and interesting.

The Mexican Interiors collection artfully illustrates the creativity and excellence of some of our country's best and brightest designers. It is deeply inspiring to visit the different interior spaces of Mexico through this series of books which takes us from the city to the country or beach, and from a modern office building to a large old house by simply turning the pages.

Alejandra Prieto de Palacios
Cecilia Prieto de Mtz. Gallardo

En la solución de los espacios interiores, los especialistas parten de diferentes factores que van desde el concepto arquitectónico, la textura de los materiales y la iluminación, hasta el diseño del mobiliario y la selección de los objetos decorativos. Todo ello debe contribuir a crear un conjunto armónico donde cada elemento cumpla una función específica orientada a la búsqueda de la comodidad, la tranquilidad o la satisfacción estética de los usuarios.

Sin embargo, los ejemplos que ilustran las páginas siguientes demuestran que intervienen también otros elementos esenciales como el ingenio, la creatividad, el talento, la cultura, la experiencia y el buen gusto de los especialistas.

When approaching interior spaces, experts begin by considering all the different factors. These range from the overall design concept to the texture of the materials, lighting, and even furnishings and selection of decorative objects. Everything should contribute to create a harmonious whole, where each element fills a specific function oriented toward achieving comfort, tranquility or the esthetic satisfaction of the final users. Notwithstanding, the examples on the following pages demonstrate that other essential factors intervene in the process as well, such as the specialist's ingenuity, creativity, talent, cultural influenes, experience and own good taste.

1

2

La iluminación natural es esencial, acentúa la textura de los materiales y repite, en un cambiante juego de luces y sombras, las formas reticulares del plafón y los muros. Los objetos artesanales, con su extraordinaria simpleza, complementan una atmósfera tranquila y relajada. Abajo, el diseño y el color, en armonía con materiales nobles, como la madera y la piedra, ofrecen una rica aportación a estos acogedores ambientes.

Natural lighting accentuates the texture of materials and repeats the interplay of light and shadow produced by the reticular ceiling and walls. The extraordinary simplicity of the artisanry complements a casually refined atmosphere. The design and color of the lower level harmonize with natural materials like wood and stone to further enrich this warm environment.

3

4

En algunas ocasiones, la solución del espacio interior se determina a partir de la propia arquitectura. La curvatura de un muro que enmarca una chimenea magníficamente diseñada, un falso plafón como fuente lumínica, duelas de finas maderas. Un conjunto que se complementa con una acertada selección del color y objetos decorativos que complementan una atmósfera de gran elegancia y sumamente acogedora.

The solution to an interior space is often determined by the architecture itself. The curvature of a magnificently designed fireplace wall, the lighting of a false ceiling, beautiful hardwood floors –these are elements that are complemented by the careful selection of color and decorative objects.

PATRICIO GARCÍA MURIEL
FELIPE ZERCOVITZ SORDO

FOTÓGRAFO . PHOTOGRAPHER
Paul Czitrom

P.P. 22-23

MARIANGEL ALVAREZ COGHLAN
COVADONGA HERNÁNDEZ GARCÍA

FOTÓGRAFO . PHOTOGRAPHER
Héctor Velasco Facio

MARGARITA ALVAREZ ALVAREZ
JUAN J. ZAPATA ALVAREZ

El diseño de interiores de Margarita Alvarez y del Arquitecto Juan J. Zapata está basado en las siguientes reflexiones: "Toda acción humana inicia en el interior de cada individuo. Un proyecto siempre es la oportunidad de explorar y superar los resultados hasta ese momento logrados. Así como nuestra visión del mundo se configura por nuestras experiencias y conceptos aprendidos a través del tiempo y del espacio que habitamos, las relaciones humanas van formando nuestro carácter, personalidad, procesos de aprendizaje y acciones específicas. El resultado de esto nos da la capacidad de trabajar en equipo y de apreciar el talento cotidiano y constante de todos los colaboradores; lo cual se adquiere paulatinamente y requiere de tutelaje y respeto por el propio esfuerzo. Por lo tanto, es en relación directa de la experiencia humana, que logramos transformar los interiores. Aplicar esta filosofía de diseño es la tarea cíclica y continua de M.M. Alvarez y del Arq. J.J. Zapata, quienes se preocupan por crear un concepto coherente para cada proyecto."

The interior design of Margarita Alvarez and Architect Juan J. Zapata are based on the following reflections: All human activity begins within the interior of each individual. A project is always an opportunity to explore and improve the results which we have achieved until now. Just as our vision of the world is derived from those experiences and concepts learned throughout the time and space in which we live, human relations shape our character, personality, learning processes and specific actions. The result of this gives us the ability to work within a team and appreciate the skills and talent of our teammates. This is acquired gradually and requires tutoring and respect for all personal effort. Therefore, it is through the human experience that interiors are transformed. To achieve this design philosophy is a cyclical, never ending task of M.M. Alvarez and Juan J. Zapata, who seek to create a truly cohesive concept for each project."

DETALLES
México, D.F.

FOTÓGRAFO . PHOTOGRAPHER
Sebastián Saldívar

Serenidad y tranquilidad son los fundamentos claves que respaldan el diseño creado para estos espacios.

Serene and tranquil are the key concepts behind the look created for the these spaces.

Un Lar Urbano

México, D.F.

Fotógrafo . Photographer
Sebastián Saldívar

Una elegancia informal prevalece
en el interior de la casa.

*An informal elegance prevails
throughout the interior of the home.*

Una gama de colores neutros invita al reposo y a la relajación. Los acentos contrastantes de colores vivos sugieren un ambiente sofisticado de una exuberancia sutil.

A muted palette sets a tone of restfullness and relaxation. The accents of vibrant colors give a rich and opulent appeal.

Los accesorios de formas sensuales dan una
fuerza complementaria al mobiliario lineal.

_The sensual shapes of the accesories lend
visual punch to the linear furniture._

Estos espacios que pertenecen a una residencia espectacular, de carácter singular y de gran presencia, reflejan la personalidad de sus moradores.

These spaces that pertain to a spectacular residence, one-of-a-kind home, with an individual character and a sense of being, establish the personality of the owners.

Al seleccionar el mobiliario de tipos y de formas similares, se crea un ritmo en el diseño, logrando un fuerte impacto visual.

When selecting furniture pieces of similar shapes and forms, a "design rhythm" is created, obtaining a strong visual impact.

MARIANGEL ALVAREZ COGHLAN
COVADONGA HERNÁNDEZ GARCÍA

Comprometidas con su quehacer profesional y la pasión por el diseño, Mariangel y Covadonga crearon *MarqCó* en 1997. Hoy, *MarqCó* es el estilo caracterizado por el diseño de los materiales, las texturas y los colores naturales. Es el concepto que transforma los sueños en muebles y accesorios de la más alta calidad, mediante el talento del artesano y la precisión del experto. Durante estos años, el éxito de *MarqCó* ha sido lograr espacios luminosos y alegres, que favorecen las relaciones familiares en un ambiente de amistad e intimidad. En estas imágenes se puede apreciar cómo se viven los conceptos y espacios *MarqCó*, en los que el hombre busca pasar los mejores momentos de su vida.

Driven by their professional commitment and passion for design, Mariangel and Covadonga created *MarqCó* in 1997. Today *MarqCó* is an identifiable style characterized by a deep appreciation for natural materials, textures and colors. It is a concept that transforms dreams into the highest quality handcrafted designer furniture and accessories. *MarqCó's* success over these past years has come from achieving pleasant, well-lit environments that foster close, positive family relations. The images that follow allow us to appreciate how *MarqCó* concepts and spaces are created for many of life's best and most memorable moments.

CASA VILLA ESCONDIDA

Puerto Vallarta, Jalisco

FOTÓGRAFO . PHOTOGRAPHER
Héctor Velasco Facio

Se buscó lograr un espacio elegante, fresco, acogedor y cómodo. Lo más importante fue respetar la vista, además de lograr sentir en todo momento la amplitud del espacio. Los materiales seleccionados fueron esenciales para conseguir el efecto deseado. Área muy abierta integrada completamente a la terraza.

The objective for this house was to achieve a fresh design that was elegant yet invitingly comfortable. The guiding priority at all times was to respect the view and sense of spaciousness. The choice of materials was crucial in achieving these goals. The expansive openness of the outside is totally integrated into the terrace.

Departamento Cuajimalpa
México, D.F.

Fotógrafo . Photographer
Héctor Velasco Facio

La estancia es lo más amplio pues están integradas varias áreas; tanto la sala, el comedor como el desayunador comparten un mismo espacio que invita a la intimidad y al disfrute con una vista espectacular hacia las montañas. Es un espacio de doble altura, con el techo inclinado y morillos de madera. Se seleccionaron cuidadosamente tanto los acabados como el mobiliario.

The focal point is the living-dining room/breakfast area, combining privacy with a spectacular view of the mountains. Finishings and furnishings were carefully selected for the space, which has a sloped duplex ceiling with exposed wooden beams.

CASA LA LOMA
México, D.F.

FOTÓGRAFO . PHOTOGRAPHER
Héctor Velasco Facio

Espacio en donde generalmente se reúne la familia, es un área casual amueblada con buen gusto y sobriedad. La terraza es un espacio con vista al jardín de la casa, muy agradable, con muebles sencillos de madera con tule y pocos accesorios.

This favorite family gathering place is tastefully decorated. Cozy patio furniture and a minimum of accessories complement the terrace's delightful garden view.

CASA BUGAMBILIAS
Valle de Bravo, Edo. de México

FOTÓGRAFO . PHOTOGRAPHER
Héctor Velasco Facio

Esta casa construida en un terreno privilegiado en Valle de Bravo, junto al lago, está planeada para disfrutar de la vista desde cualquier punto en el que uno se encuentre. Con un impresionante vestíbulo desde el cual se puede apreciar el lago a través de la estancia y la terraza, y un gran patio en su acceso.

Located on an exclusive lakeside property in Valle de Bravo, this house was designed so that the spectacular view can be enjoyed from any part of the house. The lake can be seen from the grand foyer, through the living room, the terrace and out across the patio.

ROY AZAR HASSOUNE

Personalidad internacional que ha alcanzado gran prestigio en los últimos años, *Roy Azar* forma parte de la corriente de arquitectos y diseñadores de interiores más brillantes de las últimas décadas, en México y el extranjero. Relatar su obra es como remontarse al pasado, hacerla pertenecer a la funcionalidad del presente y matizarla con toques futuristas para transmitirle presencia, belleza y validez actual. Desde la fundación de su despacho, en 1984, ha incursionado en proyectos de hoteles, ha diseñado restaurantes, cafeterías, librerías y ha remodelado interiores de residencias, departamentos, penthouses y casas de veraneo. Complementa la atención a su clientela de todo el mundo, con los servicios de empresas de ambientación y accesorios para la decoración.

Roy Azar's international reputation has grown during recent years. He is part of a wave of the most brilliant architects and interior designers in Mexico and abroad of the last few decades. To describe his work is to revive the past, blend it with today's functionality, and shade it with futuristic tones that give presence and beauty. Since its founding in 1984, his firm has designed hotels, restaurants, coffee bars and bookstores, and has remodeled homes, apartments, penthouses and summer homes. His clients around the world also benefit from the additional services he offers ranging from set decoration to decorative accessories.

SKYLOFT
México, D.F.

FOTÓGRAFO . PHOTOGRAPHER
Jaime Jacott

En los interiores de este departamento ha logrado trascender su gusto incorporándolo a la antigüedad y al presente, conjugando sus ideas con las de sus clientes, para hacerlos sentir cómodos y tranquilos. Todo esto es producto de su habilidad para diseñar con sentimiento, pero con la visión de agradar a los usuarios de sus espacios y recrearlos con sus detalles llenos de arte y armonía.

The serene, comfortable interior designs of this apartment is an expression of the architect's ability to combine past and present, to blend his ideas with those of his clients. His passion for design is guided by a vision of pleasant spaces full of artful, harmonious details.

Sus espacios se realizan con una filosofía
basada en la interpretación de los sueños y las
ilusiones de sus clientes, sobre la base de un
esquema clásico, para que esos ambientes
sean perdurables en el transcurso del tiempo y
se adapten a los cambios naturales de la vida.

*To create enduring environments that can
adapt to the natural changes of life, Azar uses
a classic approach interpreting the client's
dreams and wishes.*

Destacan los conceptos particulares que imprime a sus obras para lograr espacios cálidos y confortables y a la vez modernos.

A common feature of his work is cozy yet modern spaces.

RICARDO BARROSO BARROSO

La labor profesional del despacho *Barroso Arquitectos*, cubre desde la concepción de un inmueble hasta los detalles de la arquitectura de interiores. Basadas en un trabajo de alto nivel y extraordinariamente metódico, las piezas arquitectónicas creadas por Ricardo Barroso son un ejemplo palpable de trazo firme, belleza y, sobre todo, sentido práctico. En pocas palabras, *Barroso Arquitectos* se dedica a crear espacios vitales que unen a su atractivo esencial, como inmuebles, la destreza en el detalle de los interiores y el equilibrio del conjunto. Son creaciones que encierran, en sí mismas, todo un mundo.

The professional services of *Barroso Arquitectos* range from overall basic design concept to finished interior decoration. Guided by an extraordinarily methodical approach and demanding quality, Barroso's designs combine authority, beauty and above all, common sense. In short, *Barroso Arquitectos* is dedicated to creating vital spaces that balance their essential appeal with skilled attention to interior details. Their designs are worlds in and of themselves.

DEPARTAMENTO BLANCO
México, D.F.

FOTÓGRAFO . PHOTOGRAPHER
Fernando Cordero

El manejo de un concepto minimalista, con pocos accesorios, texturas y colores, y sólo dos tonos de contraste, dio como resultado un espacio habitacional que al mismo tiempo es cómodo y funcional. Los materiales usados como el vidrio, la piedra y la madera, forjan una alianza que permite hacerlos destacar, sin que ninguno se opaque y sí en cambio, ofrecen un todo armónico.

This minimalist concept employing few accessories, textures and colors, and only two contrasting tones, resulted in a functional yet comfortable living space. Wood, glass and stone are combined in a harmonious, balanced alliance where no one material is more important than the others.

La solución arquitectónica que se encontró para la adecuación de este departamento, se complementa armoniosamente con la abundante luz natural y una atmósfera de distensión, que se conjugan para resaltar cada detalle y poner de relieve las ideas que subyacen detrás de cada uno de los espacios que se han conseguido.

The design solution used for the apartment is complemented by abundant natural light and a relaxing atmosphere; elements that combine to emphasize details and bring out the underlying concept in each room.

DEPARTAMENTO SECOYA
México, D.F.

FOTÓGRAFO . PHOTOGRAPHER
Fernando Cordero

El concepto del Departamento Secoya se desarrolló a partir de un espacio ya existente, cuya distribución y acabados comerciales, que debieron transformarse radicalmente para convertirlo en un espacio personal, creado de acuerdo con los deseos y las aspiraciones del cliente. Se respetó la arquitectura original, pero se incorporaron algunos elementos para crear atmósferas cómodas y acogedoras y se complementó con texturas y acabados de lujo.

The concept for the Secoya Apartment was developed from an existing building. The challenge was radically transforming a commercial space to a warm, highly personal residential space in line with the client's desires. The original design was retained, but new details and high-end finishes were added to create warm, comfortable living areas.

Por encima de las limitaciones que ofrecía el espacio, como instalaciones ya existentes, columnas y altura, el cuidadoso trabajo de remodelación dio como resultado un sitio muy interesante, donde se combinan diversos materiales para lograr un toque de elegancia, lujo, detalles de buen gusto y el mejor mobiliario disponible. Y a todo lo anterior se añade una hermosa vista que complementa el atractivo de este departamento.

Despite the limitations of the existing space, such as electrical and plumbing installations, columns and ceiling heights, careful remodeling produced a very interesting result. A variety of materials were used to give an elegant touch of luxury and good taste by using the best furnishings available. A beautiful view is the perfect complement to the appeal of the finished apartment.

ANDREA CESARMAN KOLTENIUK
EMILIO CABRERO HIGAREDA
MARCO ANTONIO COELLO

Marco Coello, Emilio Cabrero y Andrea Cesarman integran el despacho *C'Cubica*, que desde sus inicios se ha preocupado por poner en práctica la estrecha relación entre la arquitectura de interiores y la creación de espacios que respondan a las fantasías del cliente. "Siempre tomando en cuenta la proporción y el contenido, en el ejercicio profesional del despacho, además del trabajo en las áreas de diseño de interiores, la arquitectura, el diseño industrial y el diseño gráfico, le hemos dado especial atención al área de decoración de interiores, donde siempre intentamos servir como traductores directos de la imaginación al espacio."

Marco Coello, Emilio Cabrero and Andrea Cesarman make up the *C'Cubica* office. Ever since they started out they have tried to put into practice the close relationship between interior architecture and the creation of spaces that address clients' fantasies. "Always considering proportion and content, our office, in addition to work in the areas of interior design, architecture, and industrial and graphic design, has given special attention to the area of interior decoration, where we always try to serve as direct translators from the imagination to space."

DEPARTAMENTO CLUB DE GOLF BOSQUES

México, D.F.

FOTÓGRAFO . PHOTOGRAPHER
Sebastián Saldívar

En un espacio abierto y neutro se conjugan elementos eclécticos para lograr un ambiente de una elegancia casual pero definitivamente actual.

An eclectic variety of elements are skillfully combined in a neutral, open space to create a casually elegant, distinctly contemporary environment.

DEPARTAMENTO BOSQUES

México, D.F.

FOTÓGRAFO . PHOTOGRAPHER
Sebastián Saldívar

La integración de elementos arquitectónicos y muebles contemporáneos, definen con armonía un espacio personal.

The harmonious relationship between design and contemporary furnishings gives intimate definition to this space.

Dentro de un ambiente limpio y claro se juega con muebles que evocan al pasado y se apoya con obras de arte reduciendo los elementos al mínimo necesario, sin perder de vista el enfoque sofisticado.

Furnishings evoking a past era are paired with artwork against the backdrop of a clean, uncluttered setting. The number of elements is minimized without losing the sophisticated focus.

FERNANDO DE HARO LEBRIJA
JESÚS FERNÁNDEZ SOTO
OMAR FUENTES ELIZONDO

En *Abax*, tenemos claro el concepto de que el diseño de interiores y la arquitectura son elementos complementarios e inseparables ya sea en una casa habitación, o en cualquier género de edificio; ya que el diseño debe tener un lenguaje armónico de texturas, colores, formas, luces, aromas, sonidos, elementos acuosos y vegetales, debidamente integrados con su contexto, es decir, el proyecto arquitectónico. Fernando de Haro, Jesús Fernández y Omar Fuentes han logrado llevar a cabo esta amalgama que refuerza el concepto de integración entre estas dos disciplinas del diseño.

For *Abax*, structural and interior design are complementary elements inseparably linked in every architectural project, whether it be a residential home or any other type of building. Good design uses a language that harmonizes textures, colors, shapes, lighting, aromas, sounds and nature within the context of the architectural concept. Fernando de Haro, Jesús Fernández and Omar Fuentes have integrated these elements in a way that strengthens the idea of consolidating these two design disciplines.

Casa en Bosques
de Santa Fe

México, D.F.

Fotógrafo . Photographer
Michael Calderwood

El espacio creado en esta casa busca promover el bienestar y confort de quienes lo habitan. Para ello, se utilizaron materiales cálidos, agradables a la vista y al tacto, creando un ambiente sencillo y elegante acorde con el resto de la casa.

This space seeks to enhance the comfort of the home's inhabitants. Materials that are warm and pleasant to the sight and touch were used to achieve a clean, elegant environment in harmony with the rest of the house.

El diseño de los baños intenta promover la limpieza de líneas, la calidad de los materiales y el fácil mantenimiento, ya que dichos espacios son una prioridad para el funcionamiento interno de la casa.

Given that these spaces play a primary role in the internal functioning of the home, bathroom design was guided by the use of clean lines, quality materials, and easy upkeep.

CASA EN BOSQUES DE LAS LOMAS
México, D.F.

FOTÓGRAFO . PHOTOGRAPHER
Michael Calderwood

El diseño seleccionado para el comedor fue definido con la intención de crear un espacio que tuviera gran riqueza, tanto a través de los elementos arquitectónicos como de los despices de pisos, diseño de ventanas, selección de materiales así como con su integración con el espacio exterior.

The design chosen for the dining room followed by the desire to create a space that not only offered a richness of interior architectural details such as flooring, windows, materials, and use of light, but also the integration with the exterior space as well.

JESÚS FERREIRO MARÍN

Egresado de la Universidad Iberoamericana, *Jesús Ferreiro Marín* funda su propio despacho en 1992, y desde entonces desarrolla proyectos arquitectónicos y construcción así como de interiorismo en el área comercial y en la construcción de casas habitación. A lo largo de su carrera ha descubierto la importancia de equilibrar el uso de los elementos más primitivos, como la madera o el mármol, con la arquitectura del nuevo milenio, donde predominan el cristal, el acero y el concreto, logrando espacios masivos de expresión minimalista que le den al usuario funcionalidad y calidez.

A graduate of the Universidad Iberoamericana in Mexico City, *Jesús Ferreiro Marín* started his own design firm in 1992. Since then he has designed and built a diversity of projects, including commercial interiors and upscale residential homes. Throughout his career he has been guided by the importance of balancing natural elements such as wood or marble with the design demands of new millennium architecture, where glass, steel and concrete dominate. The result has been massive minimalist spaces that give the user functionality and warmth.

PENTHOUSE
JARDINES EN LA MONTAÑA
México, D.F.

FOTÓGRAFO . PHOTOGRAPHER
Sebastián Saldívar

La disposición del penthouse obligó a plantear soluciones que partieran de un concepto totalmente libre.

The position of the penthouse called for solutions based on a totally free concept.

El mármol y acero inoxidable, como elementos
de pureza y calidez, en el tepanyaki y cocina.

*Marble and stainless steel are elements of purity
and warmth for the tepanyaki and kitchen.*

Se eliminó el mayor número posible de muros divisorios con el propósito de integrar un solo espacio, y para dar unidad al conjunto se usó el mínimo de materiales, como la madera en los pisos y mobiliario, el concreto aparente y vidrio para resaltar algunos detalles.

To suggest a single integrated space, full walls were eliminated as much as possible. For a unified effect, the quantity of materials was kept to a minimum -wood for flooring and furnishings- while glass and exposed concrete were employed to highlight details.

Entre los detalles más atractivos de este penthouse sobresalen la barra, punto de convergencia de la estancia principal, el espejo de agua y el "cubo de hielo", como se decidió llamar a estos elevadores, resueltos de forma arquitectónica con concreto aparente y vidrio, que armonizan espléndidamente con los muros y plafones, pintados de un blanco puro, para crear un ambiente fresco y relajante.

Among the penthouse's various noteworthy details can be mentioned the bar, which is the focal and gathering point of the living room; the water mirror; and the "ice cube," as the exposed concrete-and-glass elevators were affectionately called. The design of the elevator bank against pure white walls and ceilings creates a fresh, relaxing atmosphere.

CLAUDIO GANTOUS
CHRISTIAN GANTOUS

Con más de doce años de experiencia en su despacho, *Claudio y Christian Gantous* se consideran a sí mismos, arquitectos de su tiempo. Como postura filosófica, entienden la arquitectura como el arte de fijar lo eterno en lo transitorio y lo espiritual en lo material; en la realidad cotidiana, entienden que si se vive en una época moderna, debe buscarse crear una arquitectura que siempre sea nueva, donde el espacio sea armónico, apacible, sereno, una respuesta al caos de la ciudad.

Claudio and Christian Gantous consider themselves architects of their time. With over 13 years experience in their own firm, they have developed a philosophical vision of architecture as the art of bringing the eternal to the transitional and the spiritual to the material. They believe that since we always live in modern times then we should enjoy designs that are always new, with serene, peaceful spaces that respond to the chaos of urban life.

PENTHOUSE
EN POLANCO
México, D. F.

FOTÓGRAFO . PHOTOGRAPHER
Héctor Velasco Facio

Carpintería fija y acabados que integran varias funciones en un solo tratamiento. El cuarto de estar se convierte en recámara con sólo cerrar la puerta de cristal, correr electrónicamente una persiana horizontal y desplegar el sofá, el marco de madera en la recámara principal es una cubierta que al deslizarse deja ver el librero. "No nos interesa descubrir algo de golpe sino ir encontrando sus partes finas."

Carpentry and finishes integrate various functions. The den becomes a bedroom by closing the glass door, electronically shutting the horizontal blinds, and pulling out the sofabed. The wooden frame in the master bedroom slides away to expose a bookcase. "We're not interested in exposing everything all at once. We prefer the discovery of exquisite secrets one at a time," say the architects.

La luz domina todos los rincones. Los materiales, usados de manera natural, libres de distorsiones, alcanzan su expresión más pura, como la duela de los pisos, de madera clara, o como la textura del muro, que realiza una curva suave hasta el ventanal que complementa su luz con un vitral interior. La total transparencia o el reflejo provocados por el vidrio opaco o translúcido, son un tema recurrente en este elegante penthouse.

Light touches every corner. Materials used in a simple, natural way achieve pure expression (i.e. light wood flooring or the texture of a wall that curves gently to a large window and its complementary stained glass). The transparency or opaque reflection of glass is a recurring theme in this elegant penthouse.

PATRICIO GARCÍA MURIEL
FELIPE ZERCOVITZ SORDO

Patricio García Muriel y Felipe Zercovitz Sordo, egresados de la Universidad Iberoamericana, fundan *GMZ Arquitectos* en 1996. Además de residencias en México y la costa del Pacífico, han diseñado los interiores de departamentos, restaurantes, locales comerciales y centros de entretenimiento. "En cada proyecto tomamos como premisa principal el entender las necesidades del cliente e interpretarlas como espacios humanos, funcionales, sobrios y eficientes. Con un estilo simple y contemporáneo, basado en la arquitectura tradicional mexicana, nuestros interiores permanecen en el tiempo y se integran a la arquitectura utilizando materiales y colores adecuados."

Graduates of the Universidad Iberoamericana, Patricio García Muriel and Felipe Zercovitz Sordo founded *GMZ Arquitectos* in 1996. In addition to designing Mexico City and Pacific coast residences, they have also created apartment interiors, restaurants, commercial and entertainment centers. "Our central premise for each project is understanding the client's needs and translating them into sober, efficient, functional human spaces. Employing the right materials and colors, the simple contemporary/traditional Mexican style of our interiors provide a satisfying sense of place and time," say the architects.

CLUB DE GOLF BOSQUES

México, D.F.

FOTÓGRAFO . PHOTOGRAPHER
Paul Czitrom

La acertada combinación de materiales y texturas, tanto en los muros como en los pisos, así como una adecuada solución arquitectónica de formas simples y puras, proporcionan una mejor iluminación y favorecen el efecto visual de una mayor amplitud en los espacios de este departamento.

The skillful use of flooring and wall materials and textures combine with clean, simple design elements to optimize lighting and increase the visual sense of space in this apartment.

MARIBEL GONZÁLEZ DE DANEL
BLANCA GONZÁLEZ OLAVARRIETA
MELY GONZÁLEZ FURBER
AVELINO GONZÁLEZ ESPINOSA

*C*ovilha, con una trayectoria de ocho años, se enfoca tanto al diseño arquitectónico como al diseño de interiores. Desde sus inicios, esta joven firma ha tenido como objetivo crear la mejor arquitectura, espacios armoniosos y funcionales donde cuidan todos los detalles, desde los conceptos hasta la selección y diseño del mobiliario. De esta forma ofrece un servicio personalizado y único para cada cliente. Los integrantes de *Covilha*, Maribel González de Danel, Blanca González de Olavarrieta, Mely González de Furber y Avelino González Espinosa, son un grupo de jóvenes que se proponen revalorizar y aportar nuevos conceptos al diseño mexicano.

The firm *Covilha* has been growing its presence in architectural and interior design for eight years. Since it was founded, this youthful company has steadfastly held to its guiding objective of creating the best architecture and harmonious, functional spaces. Its members are involved in every step of the design, from original concept to the final design of furnishings. *Covilha's* unique talent and personal service is represented by Maribel González de Danel, Blanca González de Olavarrieta, Mely González de Furber and Avelino González Espinosa, a group of young designers who aim to enhance Mexican design with refreshing new concepts.

Casa en Jardines del Pedregal

México, D.F.

Fotógrafo . Photographer
Diuxs y Erika Talavera

Los espacios son cálidos, sobrios y elegantes, con un equilibrio entre diferentes estilos y materiales, logrando un concepto conservador, pero siempre acogedor. La selección de los elementos decorativos, el color y la textura de los muebles, particularizan cada espacio de la casa para crear atmósferas que se adapten a las preferencias de cada uno de sus habitantes.

Welcoming, refined, elegant spaces are balanced
with a mix of styles and materials to achieve
a conservative yet warm concept. The specific
choice of decorative elements and the colors
and textures of the furnishings respond to the
personal preferences of each family member.

CASA COLORINES
México, D.F.

FOTÓGRAFO . PHOTOGRAPHER
Diuxs y Erika Talavera

El ambiente general que se respira en esta residencia, es de una gran amplitud, y sin embargo, siempre habrá un espacio reservado para la intimidad y el descanso.

While the overall feel of the house is one of openness, there is also a deep sense of private refuge.

La arquitectura de esta casa, integrada por techos altos, vigas, pisos de madera y áreas verdes muy amplias, requería un diseño interior muy cálido e innovador, dentro de un concepto contemporáneo.

The home's high-beamed ceilings, wooden floors and spacious yard are central to its warm, innovative design.

MARCO POLO HERNÁNDEZ BOIX
LENIS MASTRETTA REAL

*M*emoria nació en 1995, con el propósito de diseñar y producir muebles y objetos contemporáneos, con connotaciones estéticas y funcionales muy personales. La filosofía del grupo *Memoria* se basa en la alta calidad y comodidad de sus diversas creaciones. Las colecciones de *Memoria* y sus diseños especiales, te ofrecen todo lo necesario para definir y configurar tus espacios de acuerdo con tu estilo de vida, con soluciones simples pero precisas, que permiten afrontar el desafío del tiempo.

Memoria was started in 1995 to design and manufacture contemporary furniture and accessories. The company's work is characterized by a highly personalized, functional sense of esthetics and a creative philosophy built around comfort and quality. *Memoria* collections and custom designs offer everything necessary to furnish your spaces according to your lifestyle. Their design solutions are simple and timeless.

Casa la Vista

Puebla, Pue.

FOTÓGRAFO . PHOTOGRAPHER
Rolando White

El mobiliario, diseñado de acuerdo con las necesidades de los usuarios, logra que se establezca una relación entre el espacio disponible y las tareas a que ha sido destinado, creando ambientes de gran riqueza estética y funcional. El diseño arquitectónico, la iluminación, los materiales y las texturas, dan como resultado un conjunto de gran comodidad donde las actividades cotidianas se realizan placenteramente.

Designed in step with user needs, the furniture establishes a relationship between function and space. The result is a rich enhancement of esthetic and practical value to the room. The architectural design, lighting, materials and textures work together to allow daily activities to be carried out pleasantly and comfortably.

CASA LAS ANIMAS
Puebla, Pue.

FOTÓGRAFO . PHOTOGRAPHER
Rolando White

El ambiente de confort y tranquilidad
que se percibe en esta casa, se debe a
que el mobiliario está diseñado para
el estilo personal de vida y los gustos
de cada uno de sus habitantes,
manteniendo un diálogo permanente
con la arquitectura y acentuando la
calidad de los detalles. Nada está
fuera de sitio, desde la selección de los
materiales, su textura y color, hasta el
más pequeño elemento decorativo.

The furniture was designed to meet
the tastes and lifestyles of each
member of the house so as to create a
harmonious, comfortable environment.
Its style complements the home's design
and highlights quality through details.
From the selection of materials,
textures, colors and even the smallest
decorative element, everything was
carefully chosen to work together.

LOFT LA NORIA

Puebla, Pue.

FOTÓGRAFO . PHOTOGRAPHER
Rolando White

Entender la relación entre arquitectura y mobiliario es fundamental para lograr la armonía y riqueza de los espacios. Pero, además, también es importante seleccionar adecuadamente los materiales, aprovechar la luz natural, dirigir la iluminación artificial y vigilar meticulosamente los detalles, como elementos que se complementan y el dan el carácter particular a cada ambiente.

Understanding the relationship between design and furniture is basic to achieving a harmonious, tasteful decor. What's more, materials must be skillfully selected to maximize the use of both natural and artificial light, and pay meticulous attention to the details that complement and give character to each room.

MÓNICA HERNÁNDEZ SADURNÍ

Al hablar de diseño de interiores, inevitablemente surgen entre arquitectos, decoradores, diseñadores o artistas, los conceptos de espacios, tendencias, corrientes, funcionalidad, materiales, colores, texturas o estilos... "No quiero repetir lo que siempre manejamos, en cambio deseo expresar lo importante que es para mí dedicarme a esta actividad, en la que juego a algo tan extraordinario como es el hábitat "extensión de uno mismo," y que me otorga el privilegio de aportar a otras personas parte de lo que soy, en la que será su intimidad cotidiana."

"When architects, decorators, designers or artists discuss interior design, the conversation inevitably comes around to spatial concepts, trends, currents, functionality, materials, colors, and textures or style," says Mónica Hernández. "I don't want to just repeat what we always do. Instead, I want to express how important it is for me to deal with something as extraordinary as a habitat -which is an extension of one's self. I feel it is a privilege to share my essence through those spaces that will be an intimate part of people's daily lives."

CASA EL BOSQUE
México, D.F.

FOTÓGRAFO . PHOTOGRAPHER
Sebastián Saldívar

La prioridad de Mónica no es sólo cumplir con las necesidades propias de cada espacio, sino partir de un análisis que nos responda por qué, para qué, para quién y de esta manera lograr que cada uno de los habitantes sienta verdaderamente su propio espacio. Cada casa se compone de muchos mundos, dependiendo de la cantidad de sus integrantes; el reto es respetar la individualidad e integrar un gran espacio armónico.

Monica's priority is to analyze why, for what and for whom each area of the house is designed. This allows her to go beyond simply matching each room with its function, to ensuring each person will feel truly at home. A home is made up of many small worlds, each belonging to one of its residents. The challenge is to respect each person's individuality while achieving a harmonious whole.

Para lograr que cada miembro tuviera su propio espacio, se diseñaron piezas únicas, como puertas, mesas, sillones, lámparas, bancos, espejos, accesorios, en diversos materiales, y todo ello fabricado en los propios talleres de Ecléctica.

To individualize each household member's space, unique furnishings and accessories were designed. Doors, tables, chairs, lamps, benches, mirrors and accessories were crafted from a variety of materials in Ecléctica's own workshops.

Una mención aparte requieren las recámaras, para las que también se crearon la ropa de cama y la tapicería en linos crudos, con aplicaciones de cristal o madera.

The bedrooms deserve special mention for the custom-designed natural linen bedding and upholstery as well as glass and wood details.

RODRIGO MARTÍNEZ BENÍTEZ
GONZALO MARTÍNEZ COGHLAN
RODRIGO MARTÍNEZ COGHLAN

*R*eto *Construcciones* se fundó en 1982, fijó su centro de operaciones en la ciudad de México y se especializó en las áreas de diseño y gerencia de proyectos de construcción. Como producto de la voluntad de sus socios principales y de la confianza depositada en el resto del equipo, la empresa ha logrado resultados exitosos para las personas y asociaciones que han requerido sus servicios. Entre los proyectos y obras realizadas se encuentran fraccionamientos, condominios horizontales, industrias, centros de desarrollo comunitario, iglesias, establecimientos destinados a la formación religiosa y un gran número de casas habitación unifamiliares.

Reto Construcciones was founded in 1982 with Mexico City as its center of operations. The firm specializes in the areas of design and construction management. The combination of the senior partners' shared vision and the trust placed in the rest of the team has allowed the company to achieve remarkable results for the people and businesses that have required the firm's services. The company's design and building projects include housing developments, horizontal condominiums, industrial facilities, community centers, churches and other religious buildings, and a large number of single-family homes.

DEPARTAMENTO RUBÉN DARÍO

México, D.F.

FOTÓGRAFO . PHOTOGRAPHER
Jordi Farré

En este departamento se lograron espacios de gran limpieza y sencillez, utilizando muros como elementos aislados en su forma más simple y mobiliario que está en diálogo con la arquitectura sin ser parte de ella.

Exceptionally clean, simple spaces were achieved in this apartment by using elements in their purest form and furnishings that are in dialogue with the design without being part of it.

El manejo de los materiales permite dar un carácter propio a cada zona, según la función que desempeña y un balance armónico entre los elementos arquitectónicos de acuerdo con el papel que protagonizan en el espacio.

Materials define the personality of each area and balance the design elements with their role in the space.

LOUIS POIRÉ

El diseño de interiores *Moda in Casa*, nace 20 años atrás, cuando crea sus propios diseños y trabaja bajo licencia con prestigiosas casas europeas. "Hoy ofrecemos una colección de mobiliario y accesorios para la casa adecuados para distintos estilos de vida. Son piezas en constante evolución. "Louis y Cecilia Poiré han retomado tradiciones artesanales de todo el mundo, junto con sofisticadas tecnologías, para producir piezas que pueden armonizar con cualquier tipo de espacio. "Un gran diseño está más allá de todo tiempo y lugar y mejora nuestra calidad de vida", dicen los diseñadores.

Moda in Casa has been designing interiors for 20 years, creating its own designs and working under license together with well-known European firms. "Today we offer a diversity of home furnishings and accessories for different lifestyles. Our pieces are constantly evolving," say the designers. Louis and Cecilia Poiré have reclaimed fine handcrafting traditions from around the world and combined them with sophisticated technologies to produce pieces well suited to any space. "A great design goes beyond time and place to improve our quality of life."

LA CASA CONTEMPORÁNEA

México, D.F.

Los muebles nunca son los protagonistas en las casas, son el complemento, ya que por sus dimensiones y materiales se adaptan a diferentes tendencias. Una selección adecuada de estilos, texturas y colores en los muebles y accesorios, puede convertir cualquier espacio de la casa en el sitio preferido para la convivencia, en una atmósfera donde se comparte tranquilidad y armonía.

Furniture is never the star of a home; it is a supporting player given that materials and sizes are adaptable to trends. The right style, texture and color choices in furniture and accessories can make any room in a home your favorite by giving it a calm, balanced feel.

Las piezas conviven entre sí armónicamente, en los espacios más diversos. Los muebles son sobrios y funcionales, elegantemente discretos, se integran a la arquitectura de la casa y no intentan competir, sino, por el contrario, buscan complementarse con el diseño de los objetos decorativos. El resultado es una atmósfera transparente, cómoda y apacible.

An assortment of furniture can coexist peacefully in the most diverse rooms. Basic, functional furniture, elegantly discreet, matches the home's decorative details without competing. The result is a clean, comfortable setting.

La presencia de objetos de diferentes orígenes y materiales, confirma que un buen diseño va más allá de todo tiempo y lugar y mejora la calidad de vida.

The presence of objects of different origins and materials confirms that a good design goes beyond time and place and improves quality of life.

Alejandra Prieto de Palacios
Cecilia Prieto de Mtz. Gallardo

El estilo *Dupuis* es una expresión del riquísimo pasado de México. Nació hace 30 años y sus fundadores, influidos por su estrecha relación con Luis Barragán, "destilaron las formas y elementos de la cultura y tradición mexicana en su forma más elemental. La tienda comenzó en una casa -un concepto nuevo para esa época-, donde todo se podía comprar y tuvo el mérito de poner de moda la apreciación por lo auténtico mexicano, que tan relegado estaba entonces. Empezamos con un estilo purista y después rescatamos formas, trabajos artesanales finos y artes populares de todas las épocas. Hoy seguimos promoviendo innovaciones en diseño y en la combinación de materiales, siempre reinterpretando y tratando de enriquecer nuestras tradiciones y el diseño mexicano."

The "Dupuis" style is an expression of Mexico's rich history. It distills the best of Mexican culture and tradition to its most elemental components. Building on their close relationship with Luis Barragán, the company's founders opened their store 30 years ago in a house where everything could be purchased. Not only was this a new concept at the time, but it also created renewed appreciation for what was authentically Mexican. "We began with a purist style and then went on to rescue forms, fine handicrafts and popular art from different periods. We continue to promote innovative design and use of materials with a focus on both reinterpreting and enhancing our traditions and Mexican design as a whole."

Casa Punta Ixtapa

Ixtapa Zihuatanejo

Fotógrafo . Photographer
Ignacio Urquiza

La excelencia del mobiliario y la decoración, la magia de la arquitectura y la maravilla de la naturaleza hacen de esta casa de playa uno de los lugares más bellos del mundo. Sus creadores aseguran que diseñar el interior de esta espléndida casa fue como acomodar espacios para vivir dentro de una escultura; espacios creados extraordinariamente cómodos, con muebles muy funcionales y obras de arte que parecen haber sido creadas para el lugar donde están colocadas. Sin duda fue un acierto incorporar materiales naturales y nuevos como el pergamino recubierto de resina y el papel gladiolo hecho a mano.

Exquisite furnishings and accessories, an enchanting design, and the wonders of nature combine to make this beach house one of the most beautiful places on earth. According to the architects, designing the interior of this marvelous house was like arranging living spaces within a sculpture. The rooms, with their functional furnishings, are extraordinarily comfortable. Each piece of artwork appears to have been created especially for the spot where it is placed. A particularly apt touch is the combination of natural and new materials, including resin-coated parchment and handmade gladiolus paper.

Los materiales que se utilizaron son telas de fibras naturales, maderas tropicales, rattán y bejuco; piedras como tikul y travertino natural; sisal, tatami, papel hecho a mano, tronco de cocotero, cerámica, tule, entre otros. Los objetos decorativos, pocos, pero de enorme belleza e impacto, se distinguen por la excelente calidad de su confección y por su diseño de líneas sencillas y sofisticadas.

Other materials used include natural-fiber fabrics, tropical woods, rattan, regional sandstone and travertine marble, jute, tatami, handmade paper, coconut trunks, ceramics and tulle. Accessories are few, but their beauty, quality and simple yet sophisticated design have a powerful impact.

J. GUILLERMO QUINTANA CANCINO

Guillermo Quintana es egresado de la Universidad Iberoamericana, con estudios de postgrado en la Academia Domus, de Milán, Italia, donde obtuvo la maestría en diseño industrial, y en otras prestigiosas instituciones en las que cursó diplomados de "Management design" y "Marketing trends". Completó su formación académica en Europa con la práctica laboral en diferentes talleres de diseño y empresas manufactureras de muebles. Además de desarrollar profesionalmente proyectos de arquitectura de interiores para residencias, casas habitación y comercios, y prestar asesorías en el montaje de exposiciones, compartió su experiencia impartiendo clases de diseño en la Universidad Iberoamericana.

Guillermo Quintana obtained his Bachelor's in Architecture from the Universidad Iberoamericana, and a Master's in Industrial Design from the Academia Domus in Milan. He also has diplomas in Design Management and Marketing Trends from other prominent institutions. Mr. Quintana completed his education in Europe by working at a number of design studios and furniture manufacturers. In addition to his professional work as a residential, commercial and interior designer, and consulting expertise on mounting exhibitions, he also taught design at his alma mater, the Universidad Iberoamericana.

PENT HOUSE DEL VALLE

México, D.F.

FOTÓGRAFO . PHOTOGRAPHER
Denise Escamilla

La cantera champagne en los pisos y algunos muros unifica el espacio y en el bar contrasta gratamente con el muro contra barra, de cantera tikul, veteada y de gran colorido y con el mueble de apoyo, terminado en acero inoxidable y cristal. La conjunción de materiales de características muy diversas, incluso de vanguardia, crea un espacio sobrio y de austeridad minimalista, pero con un toque contemporáneo, cálido y de gran personalidad.

The use of champagne quarry stone for flooring and certain walls draws the space together. It also creates a nice contrast with the colorfully streaked ticul stone behind the bar and the stainless steel and glass service area. The combination of diverse natural and state-of-the-art materials produces a refined, minimalist space with a warm, personal, contemporary touch.

PENT HOUSE INTERLOMAS

Huixquilucan, Edo. de Mex.

FOTÓGRAFO . PHOTOGRAPHER
Denise Escamilla

El PH. está conformado de dos plantas, en la plata baja se encuentra el área pública y las habitaciones y en la planta alta un estudio de televisión y sonido y una barra que da a una gran terraza. Se utilizaron materiales naturales en pavimentos y en el mobiliario se utilizaron contrastes de maderas como wengue y roble blanqueado así como también cristal y acero inoxidable.

The Penthouse is a duplex. Common areas and bedrooms are on the lower floor. The upper floor includes an entertainment center with TV and sound system, plus a bar that opens onto a large terrace. Natural materials were chosen for the flooring, while contrasting woods such as wenge and bleached oak, as well as glass and stainless steel were employed for furnishings.

DEPARTAMENTO
MONTE CHIMBORAZO

México, D.F.

FOTÓGRAFO . PHOTOGRAPHER
Denise Escamilla

La búsqueda de hitos de identidad dentro de una sociedad "neo-nómada", encuentra que la permanencia del todo en su conjunto es ya casi imposible dentro del fluir dinámico de la vida cotidiana. La presencia de elementos nostálgicos dentro de elementos de vanguardia se identifica con esta intención y esta búsqueda de calidez, sobriedad y minimalismo que hace evidente la necesidad de un equilibrio entre arquitectura, mobiliario y arte.

The search for identity in a "neo-nomadic" modern society has resulted in the discovery that permanence is nearly impossible in today's rapidly changing lifestyles. The presence of nostalgic items within vanguard elements is part of this quest; a search for comfort, simplicity and minimalism which requires a balance between design, furnishings and art.

ANTONIO RUEDA VENTOSA

Antonio Rueda Ventosa, egresado de la Universidad Anáhuac, con un diplomado de la Universidad Iberoamericana, funda *Art Arquitectos* en 1990 y desarrolla proyectos residenciales y comerciales, principalmente. Procura la adaptabilidad de la función del espacio a las necesidades del cliente, usa pocos materiales en acabados para conseguir intemporalidad en la obra, busca versatilidad en el mobiliario y flexibilidad en los accesorios y un manejo mágico de la iluminación de los espacios. Su arquitectura tiende al estilo contemporáneo, con exaltación en los detalles y su premisa es el confort en todos sus aspectos.

Antonio Rueda Ventosa holds a degree in architecture from the Universidad Anáhuac and a diploma from the Universidad Iberoamericana. In 1990 he founded *Art Arquitectos*, which is mainly dedicated to designing and building residential and commercial projects. Adapting the function of each space to the needs of the client, architect Rueda's designs are distinguished by an economy of materials and timelessness in finishes, a versatility in furnishings, flexibility in accessories, and a magical handling of lighting. While his architectural style tends to be contemporary with a highlighting of details, his guiding premise is comfort in all of its aspects.

CASA BOSQUES
DE LAS LOMAS

México, D. F.

FOTÓGRAFO . PHOTOGRAPHER
Denise Escamilla

En la remodelación de esta casa de estilo clásico, se buscó que los interiores fueran frescos, simples y adaptables a futuros cambios de mobiliario. Se mejoró la iluminación artificial y se diseñaron muebles versátiles, con siluetas simples y estilo contemporáneo. El cambio de estilos entre las áreas públicas y privadas, muy sutil, se logró con la homologación de materiales, colores claros y maderas de caoba.

This classic home was remodeled with fresh,
simple interiors capable of adapting to future
furnishing styles. Artificial lighting was
enhanced and versatile furniture with clean,
contemporary silhouettes was chosen. The
subtle distinction between shared and private
areas is achieved by the unified use of
materials, light colors and mahogany.

CASA PEÑAS
México, D. F.

FOTÓGRAFO . PHOTOGRAPHER
Denise Escamilla

Sin modificar demasiado la arquitectura original de esta residencia de los años ochenta, se simplificó el diseño de los espacios, se unificaron los materiales y se incorporaron nuevas fuentes de iluminación, naturales y artificiales. El propósito era crear espacios puros, sencillos, que mantuvieran su carácter a través del tiempo y las modas, con la posibilidad de adaptarse a probables cambios de mobiliario y accesorios.

With minimal change to the original design, the spaces in this 80s home were simplified, materials coordinated and new natural and artificial light sources added. The idea was to create clean, simple spaces that would outlive trends yet easily adapt to different furnishings and accessories.

Departamento Lomas
México, D. F.

Fotógrafo . Photographer
Denise Escamilla

Se buscaba obtener mayor luminosidad y espacios simples que dieran la sensación de amplitud. El color blanco arena de paredes y plafones, igual que los remates de cantera blanca en las circulaciones, crean el efecto de mayor profundidad del espacio y mejoran la iluminación. La duela de madera de maple sugiere, en cambio, una mayor intimidad en los espacios privados.

Increased illumination and clean spaces were to achieve the impression of space. Strategically placed ceiling details enhance lighting. Added depth was created with an off-white color for walls and ceilings, as well as white quarry stone details in the hallways. This contrasts with the maple flooring used to suggest intimacy in the apartment's private areas.

JOSÉ EDUARDO ALONZO SOSA

Un cielo amplio y azul veteado con blancas nubes y el aire con aroma subtropical que desciende en un suelo calizo, han caracterizado a la península de Yucatán desde los antiguos mayas hasta hoy día. Este espacio geográfico, nos ha permitido edificar diseños arquitectónicos como una alternativa integral, proyectando nuestras ideas hasta la materialización en casas, hoteles y edificios así como la decoración interior. "Nuestro trabajo es posible gracias a la intervención teórica y técnica de un equipo de profesionales y artesanos que diseñan, planean o mainpulan materiales como piedra, granito, mármol y madera, legado de una cultura de la región, para darle el sello particular que nos caracteriza."

"An expansive blue sky streaked with clouds, the perfume of the tropics hanging over the limestone terrain. This describes the Yucatan Peninsula as much today as in ancient Mayan times. The Yucatan has been a continuing source of inspiration for complete design alternatives in homes, hotels, office buildings and interior decoration. Integrating modern technical and theoretical contributions, our team of professionals and artisans design, plan and build, using local natural materials like field stone, granite, marble and wood that define this region and its culture, and that are the signature of our company."

FLAMINGOS 38

Cancún, Quintana Roo

FOTÓGRAFO . PHOTOGRAPHER
Roberto Cárdenas

La sala comunica directamente con la terraza que, junto con la alberca asoleadero y el mar constituyen los puntos focales del proyecto. La terraza se cubrió con estructura de madera y teja y alcanza dos alturas y media, ya que contiene terrazas y balcones de los niveles superiores. La alberca -como una extensión de la terraza- y los amplios jardines, crean un oasis de transición climática entre la cálida playa y la casa.

The living room opens directly out onto the terrace, which together with the pool and the ocean are the focal points of the design. The terrace has a wooden roof frame covered with clay tile. Extending two and a half stories high, it shades upper-level terraces and balconies. The swimming pool becomes an extension of the terrace, and together with the spacious grounds, forms an oasis between the heat of the beach and the house.

Para que los espacios importantes tuvieran vista al mar, se crearon cuatro niveles. Una planta baja, que funciona como acceso y aloja los servicios y un salón de juegos. Un primer nivel, donde tienen lugar el área social y recreativa y una sala comedor, cuya altura y media se integra con el vestíbulo recibidor del segundo nivel. En el segundo y tercer niveles, se alojan las habitaciones.

Four levels were used to assure an oceanview for each of the four main rooms. The first floor includes the entrance, utility room and game room. The second floor contains the den and living/dining room. This story-and-a-half height flows into the third-level foyer. The bedrooms are located on the third and fourth floors.

Diseñada como residencia de descanso, esta obra, de estilo caribeño, utiliza elementos como techumbres de paja, tejabanes, aleros de herrería y teja, apergolados, tapancos, así como una combinación de vanos rectos y arcos, enmarcados con molduras y copones estucados. Destacan los ornamentos a base de rosetones y las columnas, característicos de este estilo. Los materiales empleados imprimen un toque de calidez a los espacios.

This Caribbean-style vacation home incorporates elements such as straw roofing, exposed wooden beams, wrought iron eaves, Spanish roof tiles, gazebo ceiling designs, mezzanines, and a combination of straight and arched openings framed with stucco moldings. The rosette decorations and columns are typical of this style. The choice of materials provides a warm, comfortable feel to the spaces.

JAVIER VALENZUELA GOROZPE
FERNANDO VALENZUELA GOROZPE
GUILLERMO VALENZUELA GOROZPE

Con la inquietud de satisfacer las necesidades de cada consumidor para amueblar espacios de acuerdo con determinadas especificaciones, los hermanos Valenzuela fundan *Terrés Muebles & Interiores* en 1991. A partir de entonces, de manera conjunta, han buscado y propuesto formas, antiguas o nuevas, de concebir la creación de espacios, con la única finalidad de responder a las exigencias del cliente. El resultado ha sido un trabajo versátil, con una gran diversidad de estilos, en el que cada proyecto que emprenden es único, porque su propósito es interpretar las aspiraciones y los sueños de cada cliente para traducirlos en muebles de la más alta calidad o en soluciones eficientes y creativas de donde pueden surgir lo mismo un clásico que un vanguardista.

Driven by the desire to meet every consumer's needs and specifications in interior design and furnishings, the Valenzuela brothers created *Terrés Muebles & Interiores* in 1991. Since then they have constantly pursued new and old solutions for creating spaces that fully respond to their client's demands. The result has been a portfolio of versatile styles that reflect the firm's philosophy; that each project is as unique as the hopes and dreams of each customer, and that translating those wishes into the highest quality furniture - be it a signature classic or vanguard design – is the ultimate goal.

CASA EN RANCHO SAN FRANCISCO

México, D. F.

FOTÓGRAFO . PHOTOGRAPHER
Sebastián Saldívar

El concepto arquitectónico se integra armoniosamente con el diseño interior que, en combinación con la vegetación, logra una atmósfera grata y apacible. Los ventanales abiertos a las áreas ajardinadas, contribuyen a crear el efecto de continuidad entre la casa y su entorno.

The combination of the design with the interior decoration and landscaping creates a pleasing, calming atmosphere. The large windows that open onto the gardens create a close inside-outside relationship.

Casa Bosques de las Lomas
México, D.F.

Fotógrafo . Photographer
Sebastián Saldívar

Un espacio arquitectónico resuelto siguiendo una línea de simetría, en contraste con el movimiento que sugieren los elementos decorativos y la iluminación artificial. La versatilidad en el diseño del mobiliario crea atmósferas de una gran cordialidad para la convivencia familiar, o espacios de íntimo recogimiento personal. La luz natural que atraviesa el pergolado y los colores claros en muros y pisos, transmiten una sensación de amplitud, armonía y frescura a toda la casa.

The design solution for the house follows a symmetrical line. This contrasts with the sense of movement suggested by the decorative elements and artificial lighting. The versatile design of the furniture creates very user-friendly spaces for family gatherings or quiet private moments. The natural light passing through the pergola and the pale-colored walls and floors produce a harmonious sense of freshness and spaciousness throughout the house.

RANCHO SANTA SOFÍA
Pachuca, Hidalgo

FOTÓGRAFO . PHOTOGRAPHER
Sebastián Saldívar

Iluminación natural que crea un excepcional juego de luces y sombras, otorgando a cada espacio personalidad y calidez, que resalta la belleza de los muebles.

Natural lighting creates an extraordinary play between light and shadow, giving personality and warmth to each space and highlighting the beauty of the furniture.

DIRECTORIO
D I R E C T O R Y

MARGARITA ALVAREZ ALVAREZ
JUAN J. ZAPATA ALVAREZ

DISEÑO DE INTERIORES

San Carlos 12,
San Angel,
01020, México, D.F.

tel. 5550 8948
fax. 5550 6911
e-mail. alerifearquitectos@prodigy.net.mx

MARIANGEL ALVAREZ COGHLAN
COVADONGA HERNÁNDEZ GARCÍA

MARQCÓ DISEÑO

Revolución 1495,
San Angel,
01040, México, D.F.

tel. 5661 9385, 5661 6204
fax. 5662 9789
e-mail. sanangel@marqco.com
www.marqco.com

ROY AZAR HASSOUNE

Montes Urales 105,
Lomas de Chapultepec,
11000, México, D.F.

tel. 5520 9060
fax. 5520 8863
e-mail. royazar@prodigy.net.mx

RICARDO BARROSO BARROSO

BARROSO ARQUITECTOS

Guillermo González Camarena 1600,
piso 1, Santa Fe,
01210, México, D.F.

tel. 5292 4600, 5292 4601
fax. 5292 3757, 5292 3027
e-mail. rb@barroso-arqs.com
www.barroso-arqs.com

ANDREA CESARMAN KOLTENIUK
EMILIO CABRERO HIGAREDA
MARCO ANTONIO COELLO

C'CUBICA

Paseo de los Laureles 458-604,
Bosques de las Lomas,   tel. 5259 3216
05120, México, D.F.   e-mail. cubica@infosel.net.mx

FERNANDO DE HARO
JESÚS FERNÁNDEZ SOTO
OMAR FUENTES ELIZONDO

ABAX

Paseo de Tamarindos 400 B-102,   tel. 5258 0558
Bosques de las Lomas,   fax. 5258 0556
05120, México, D.F.   e-mail. abax@abax.com.mx

JESÚS FERREIRO MARÍN

FVA ARQUITECTOS S.C.

Periférico Sur 3449-3,   tel. 5683 0122 (5 líneas)
San Jerónimo Lídice,   e-mail. yodi@psynet.net
10200, México, D.F.   www.fvarquitectos.cjb.net

CLAUDIO GANTOUS
CHRISTIAN GANTOUS

GANTOUS ARQUITECTOS

Calle 2 No. 2,   tel. 5202 8852
Reforma Social,   fax. 5202 0438
11650, México, D.F.   e-mail. claudio@gantousarquitectos.com
                                christian@gantousarquitectos.com

PATRICIO GARCÍA MURIEL
FELIPE ZERCOVITZ SORDO

GMZ ARQUITECTOS S.C.

Sierra Guadarrama 66,
Lomas de Chapultepec,   tel. 5540 6896, 5520 5782, 5520 8146
11000, México, D.F.   e-mail. pgarciam@abogadigarcia.com

MARIBEL GONZÁLEZ DE DANEL
BLANCA GONZÁLEZ DE OLAVARRIETA
MELY GONZÁLEZ DE FURBER
AVELINO GONZÁLEZ ESPINOSA

COVILHA

Av. San Jerónimo 397-B   tel. 5616 2500
La Otra Banda,   fax. 5616 4601
01090, México, D.F.   e-mail. maribeldanel@yahoo.com

MARCO POLO HERNÁNDEZ BOIX
LENIS MASTRETTA REAL

MEMORIA

41 Poniente 2120-C,   tel. (222) 211 0950, 240 4039, 294 8019
Ex Hacienda La Noria,   e-mail. info@memoria.bz
72410, Puebla, Pue.   www.memoria.bz

MÓNICA HERNÁNDEZ SADURNÍ

ECLÉCTICA DISEÑO

Río Chico 32,
Puente Colorado,   tel. 5635 3442, 5635 3403, 5635 3417
01730, México, D.F.   e-mail. eclectica@prodigy.net.mx

RODRIGO MARTÍNEZ BENÍTEZ
GONZALO MARTÍNEZ COGHLAN
RODRIGO MARTÍNEZ COGHLAN

RETO

Zampapano 5 casa 6,
Tetelpan,
01700, México, D.F.   tel. 5683 0897

LOUIS POIRÉ

MODA IN CASA

Palmas 746,
Lomas de Chapultepec,,   tel. 5202 0838, 5202 0908
11000, México, D.F.   fax. 5202 0729

ALEJANDRA PRIETO DE PALACIOS
CECILIA PRIETO DE MTZ. GALLARDO

DUPUIS

Palmas 240,
Lomas de Chapultepec,   tel. 5520 1179, 5540 0074, 5202 3523
11000, México, D.F.   e-mail.mercadotecnia@dupuis.com.mx

J. GUILLERMO QUINTANA CANCINO

DESIGN PRIMARIO

Arquímides 35,   tel. 5281 3884, 5280 9167, 5280 7116
Polanco,   fax. 5280 7117
11570, México, D.F.   e-mail.design1@prodigy.net.mx

ANTONIO RUEDA VENTOSA

ART ARQUITECTOS ASOCIADOS

Paseo de la Reforma 2608-1410 tel. 2591 9862, 2591 9863
Lomas Altas,   e-mail. antoniorueda@art.com.mx
11950, México, D.F.   www.art.com.mx

JOSÉ EDUARDO ALONZO SOSA

JAZ ARQUITECTOS S.A. DE C.V.

Calle 20 no. 236 por 13   tel. (999) 926 1465
México Oriente,   fax. (999) 926 6389
9700, Mérida, Yucatán.   e-mail.jalonzo@yuc.quik.com
                               www.jasarquitectos.com

JAVIER VALENZUELA GOROZPE
FERNANDO VALENZUELA GOROZPE
GUILLERMO VALENZUELA GOROZPE

TERRÉS

Av. Vasco de Quiroga 3800, loc. 529,
Centro Comercial Santa Fe,   tel. 5570 3655, 5570 3836
05109, México, D.F.   www.terres.com.mx

C O L A B O R A D O R E S
C O L L A B O R A T O R S

	PROYECTO	PROYECTO DE DISEÑO DE INTERIORES	PROYECTO ARQUITECTÓNICO
MARGARITA ALVAREZ ALVAREZ JUAN J. ZAPATA ALVAREZ	■ UN LUGAR URBANO	M. M. Alvarez Arq. J. J. Zapata	Arq. Ricardo Legorreta
MARIANGEL ALVAREZ COGHLAN COVADONGA HERNÁNDEZ GARCÍA	■ CASA VILLA ESCONDIDA ■ DEPARTAMENTO CUAJIMALPA ■ CASA LA LOMA ■ CASA BUGAMBILIAS	Marqcó Marqcó Marqcó Marqcó	Arq. Federico Gómez Crespo Arq. Miguel Icaza D.I. Covadonga Hernández G. Pablo Roldán Arq. Francisco Guzmán G. Arq. Alejandro Bernardi G.
ROY AZAR HASSOUNE	■ SKYLOFT	Arq. Roy Azar H.	Arq. Roy Azar H.
RICARDO BARROSO BARROSO	■ DEPTO. BLANCO ■ DEPTO. SECOYA	Barroso Arquitectos Barroso Arquitectos	Arq. Ricardo Barroso B. Arq. Ricardo Barroso B.
ANDREA CESARMAN KOLTENIUK EMILIO CABRERO HIGAREDA MARCO ANTONIO COELLO	■ DEPTO. CLUB DE GOLF BOSQUES ■ DEPTO. BOSQUES	C'Cubica C'Cubica	Arq. Andrea Cesarman K. Arq. Emilio Cabrero H. Arq. Marco Antonio Coello Arq. Andrea Cesarman K. Arq. Emilio Cabrero H. Arq. Marco Antonio Coello
FERNANDO DE HARO JESÚS FERNÁNDEZ SOTO OMAR FUENTES ELIZONDO	■ CASA EN BOSQUES DE SANTA FE	Abax	Arq. Fernando de Haro Arq. Jesús Fernández Soto Arq. Omar Fuentes Elizondo
JESÚS FERREIRO MARÍN	■ PENTHOUSE JARDINES EN LA MONTAÑA	FVA Arquitectos S.C. Arq. Jesús Ferreiro Marín	FVA Arquitectos S.C. Arq. Jesús Ferreiro Marín
CLAUDIO GANTOUS CHRISTIAN GANTOUS	■ PENTHOUSE EN POLANCO	Arq. Claudio Gantous Arq. Christian Gantous	Arq. Claudio Gantous Arq. Christian Gantous
PATRICIO GARCÍA MURIEL FELIPE ZERCOVITZ SORDO	■ CLUB DE GOLF BOSQUES	Arq. Patricio García Muriel	Arq. Patricio García Muriel
MARIBEL GLZ. DE DANEL BLANCA GLZ. DE OLAVARRIETA MELY GLZ. DE FURBER AVELINO GLZ. ESPINOSA	■ CASA EN JARDÍNES DEL PEDREGAL ■ CASA COLORINES		Arq. Humberto Artigas del Olmo Arq. Javier González

	PROYECTO	PROYECTO DE DISEÑO DE INTERIORES	PROYECTO ARQUITECTÓNICO
MARCO POLO HERNÁNDEZ BOIX LENIS MASTRETTA REAL	■ CASA LAS ANIMAS	D.T. Leonor Mastretta Arq. Irma Pérez Arq. Carolina Cantero	Gpo. Taller de Arquitectura Arq. José Robredo Arq. Elías Adam
	■ CASA LA VISTA	D.T. Leonor Mastretta Arq. Irma Pérez Arq. Carolina Cantero	Gpo. Taller de Arquitectura Arq. José Robredo Arq. Elías Adam
	■ LOFT LA NORIA	D.T. Leonor Mastretta Arq. Irma Pérez Arq. Carolina Cantero	Arq. Marco Polo Hernández Boix
MÓNICA HERNÁNDEZ SADURNÍ	■ CASA EL BOSQUE	Mónica Hernández Sadurní, Ecléctica Diseño, S.A. de C.V.	Arq. Alejandro de la Mora Arq. Marco Mattar
RODRIGO MARTÍNEZ BENÍTEZ GONZALO MARTÍNEZ COGHLAN RODRIGO MARTÍNEZ COGHLAN	■ DEPTO. RUBÉN DARÍO	Arq. Gonzalo Mtz. Coghlan Arq. Javier Espinosa Castro	
	■ DEPTO. HOMERO	Arq. Gonzalo Mtz. Coghlan	
LOUIS POIRÉ	■ LA CASA CONTEMPORÁNEA	Moda in Casa	D.I. Louis Poiré
ALEJANDRA PRIETO DE PALACIOS CECILIA PRIETO DE MTZ. GALLARDO	■ CASA PUNTA IXTAPA	Dupuis Alejandra Prieto de Palacios Cecilia Prieto de Mtz. Gallardo	
J. GUILLERMO QUINTANA CANCINO	■ PENTHOUSE DEL VALLE	Arq. J. Guillermo Quintana C.	
	■ DEPTO. MONTE CHIMBORAZO	Arq. J. Guillermo Quintana C.	
	■ PENTHOUSE INTERLOMAS	Arq. J. Guillermo Quintana C.	
ANTONIO RUEDA VENTOSA	■ CASA BOSQUES DE LAS LOMAS	Interiorismo Contemporáneo S.A. de C.V.	Arq. Antonio Rueda Ventosa Art Arquitectos Asociados
	■ CASA PEÑAS	Interiorismo Contemporáneo S.A. de C.V.	Arq. Antonio Rueda Ventosa Art Arquitectos Asociados
	■ DEPTO. LOMAS	Interiorismo Contemporáneo S.A. de C.V.	Arq. Antonio Rueda Ventosa Art Arquitectos Asociados
JOSÉ EDUARDO ALONZO SOSA	■ FLAMINGOS 38	Arq. José E. Alonzo Sosa	Arq. José E. Alonzo Sosa
JAVIER VALENZUELA GOROZPE FERNANDO VALENZUELA GOROZPE GUILLERMO VALENZUELA GOROZPE	■ CASA BOSQUES DE LAS LOMAS	Terrés Shelia Zepeda Salguero	Arq. Francisco Guzmán G. Arq. Alejandro Bernardi
	■ CASA EN RANCHO SAN FRANCISCO	Terrés Shelia Zepeda Salguero	
	■ RANCHO SANTA SOFÍA	Terrés Shelia Zepeda Salguero	Arq. Francisco Guzmán G. Arq. Alejandro Bernardi

Se terminó de imprimir en el mes de mayo del 2005 en
Toppan Printing Company, Hong Kong.
Su formación se llevó a cabo con el programa QuarkXpress,
utilizando tipografías Myriad y Giovanni.
Está impreso en prensa plana. El cuidado de la edición
estuvo a cargo de Arquitectos Mexicanos Editores.

OKANAGAN REGIONAL LIBRARY
3 3132 03115 2103